BEI GRIN MACHT SICH IHR WISSEN BEZAHLT

AF140272

- Wir veröffentlichen Ihre Hausarbeit,
  Bachelor- und Masterarbeit

- Ihr eigenes eBook und Buch -
  weltweit in allen wichtigen Shops

- Verdienen Sie an jedem Verkauf

Jetzt bei www.GRIN.com hochladen
und kostenlos publizieren

Bibliografische Information der Deutschen Nationalbibliothek:

Die Deutsche Bibliothek verzeichnet diese Publikation in der Deutschen National-
bibliografie; detaillierte bibliografische Daten sind im Internet über http://dnb.d-
nb.de/ abrufbar.

Impressum:

Copyright © 2013 GRIN Verlag, Open Publishing GmbH
Druck und Bindung: Books on Demand GmbH, Norderstedt Germany
ISBN: 978-3-668-23731-5

Dieses Buch bei GRIN:

http://www.grin.com/de/e-book/333989/cloud-computing-virtualisierung-und-
plattformen

Stefan Strell

Cloud Computing. Virtualisierung und Plattformen

GRIN Verlag

GRIN - Your knowledge has value

Der GRIN Verlag publiziert seit 1998 wissenschaftliche Arbeiten von Studenten, Hochschullehrern und anderen Akademikern als eBook und gedrucktes Buch. Die Verlagswebsite www.grin.com ist die ideale Plattform zur Veröffentlichung von Hausarbeiten, Abschlussarbeiten, wissenschaftlichen Aufsätzen, Dissertationen und Fachbüchern.

Cloud Computing – Virtualisierung und Plattformen

Stefan Strell, B. Sc.

19.06.2013

Alpen-Adria-Universität Klagenfurt, Institut Informatik,
Universitätsstraße 65-67, 9020 Klagenfurt am Wörthersee, Austria

Inhaltsverzeichnis

Abbildungs- und Tabellenverzeichnis

Abstract

Immer häufiger ist zu hören und zu lesen, dass das IT-Paradigma "Cloud-Computing" ein wesentlicher Bestandteil des Internet der Gegenwart und Zukunft sei, und wie der Datenaustausch erleichtert werden kann. Dazu werden Neuerungen von IT-Unternehmen und Forschungsinstitutionen veröffentlicht, und es werden teilweise auch Komplettlösungen angeboten. Diese Arbeit beschreibt die Hintergründe des Cloud-Computing und zeigt anhand von zwei Beispielen wie die Cloud-Plattformen aufgestellt sind. Für diese Cloud-Systeme ist es unerlässlich die verteilten Systeme auch auf virtuellen Maschinen (VM) zu verarbeiten, da die Technik sonst schnell an ihre Grenzen gerät. Aus diesem Grund wird auch auf die Virtualisierung innerhalb der Cloud-Systeme eingegangen. Dabei werden einige Techniken und Konzepte kurz vorgestellt und deren Vor- und Nachteile näher erläutert.

1. Einleitung

1.1 Definition des Begriffs "Cloud Computing"

Der Begriff "Cloud-Computing" wird, wie auch die Herkunft und Entwicklung, in vielen Quellen unterschiedlich betrachtet. So schreibt die Internetquelle salesforce.com, dass 1999 die erste Cloud (allerdings noch nicht unter diesem Namen) online ging (vgl. [SF13]).

Anderen Quellen (z. B. Deutsche Telekom oder Wikipedia) zufolge wurde der Begriff erst nach dem Jahrtausendwechsel durch Firmen wie Amazon, Google oder Microsoft geprägt (vgl. [DT13]). So wird in manchen Webseiten der Ursprung der "Cloud" aus der Welt der Programmierer bezeichnet. itmittelstand.de z. B. schreibt, dass Software Entwickler das Internet in Projektskizzen als Wolke darstellten, wie in Abb. 1 schematisch dargestellt.

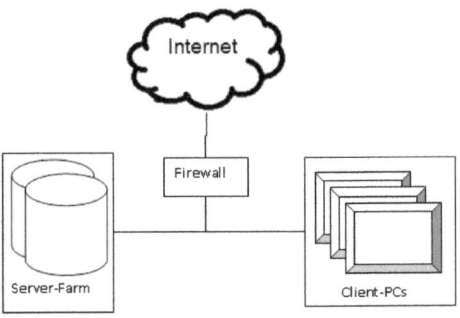

Abb. 1: Beispiel einer Projekt-Skizze

In der Fachwelt hat die Cloud zwar mittlerweile einen festen Platz, die Definition jedoch wird in vielen Quellen unterschiedlich beschrieben. Dies unterstreichen einige Zitate aus verschiedenen Quellen im folgenden Abschnitt.

1.1.1 Der Begriff "Cloud Computing" in der Fachwelt

Oracle's CEO Larry Ellison sagt über das Cloud Computing: *"The interesting thing about cloud computing is that we've redefined cloud computing to include everything that we already do…. I don't understand what we would do differently in the light of cloud computing other than change the wording of some of our ads."* (vgl. [AFG10]).

Mit anderen Worten bedeutet das, dass Cloud Computing nichts anderes als eine Ansammlung von Informatik-Paradigmen ist, die schon vor deren "Erfindung" existierten.

Armbrust und Kollegen schreiben, Cloud Computing ist sowohl die Applikationen, die als Service über das Internet geliefert werden, als auch die Hardware und die System-Software in den Datencentern, die diese Services anbieten (vgl. [AFG10]). In ihrer Arbeit "A view of Cloud Computing" beschreiben sie wie eine Cloud funktioniert.

Auch Vasil Ninov, dessen Arbeit von der Virtualisierung des "Cloud-Computing" handelt, schreibt dort dass es keine allgemeine Definition von Cloud Computing gibt (vgl. [NI09]). Er kommt zu einer sehr kurzen und prägnanten Umschreibung des Begriffs: "**Web Services + Virtualisierung = Cloud Computing**" [NI09, Seite 3].

Weiner, Renner und Kett vom renommierten Fraunhofer Institut (Stuttgart) sprechen gar von einem "*Definitionsvakuum*", das entstanden ist, "*da diese Begriffe unterschiedlich verstanden werden und sich im Laufe der Zeit weiterentwickelt haben*" (vgl. [FI10]). Sie sehen den Begriff aktuell "*als Oberbegriff für ein Architektur-Paradigma das drei Kernkomponenten beinhaltet*". Diese sind die *technische Infrastruktur, eine Middleware-Schicht zur Ausführung von Anwendungen* und *die Anwendung selbst*. (vgl. [FI10])

Buyya und Kollegen beschreiben in ihrer Arbeit die Cloud als ein Typ von parallelen und verteilten Systemen. Sie bestehen aus einer Sammlung von untereinander verbundenen und virtualisierten Computern, die dynamisch bereitgestellt werden, wobei sie als einer oder mehrere eindeutige Rechner-Ressourcen vorhanden sind. Diese Rechner basieren auf Service-Level-Agreements (SLAs), die durch Übertragung zwischen dem Service-Provider und Konsumenten eingerichtet werden. (vgl. [BYV08])

Diese unterschiedlichen Definitionen und Begriffseinführungen machen es für den Laien schwierig, sich etwas konkretes darunter vorzustellen, wobei die Definition des Fraunhofer Instituts noch am ehesten auch von Personen ohne IT-Expertise verstanden werden kann. In einigen Fällen werden auch andere Paradigmen, wie Grid- und Cluster-Computing mit der Definition der Cloud in Zusammenhang gebracht. Diese werden in Abschnitt 1.2 näher beleuchtet.

1.1.2 Definition Cloud Computing

Formal kann man Cloud Computing als das Speichern, Bearbeiten und Verteilen von Daten über ein (weltweites) Netzwerk von Computern, die zur gleichen Zeit darauf zugreifen können, beschreiben. *Bekannte Anbieter von Cloud-Systemen sind Amazon, Google, Salesforce, IBM, Microsoft und Sun Microsystems* (vgl. [BYV08]).

Laut Damm, Ritz und Strauch lässt sich Cloud Computing in drei logische Schichten einteilen:

- Software as a Service (SaaS)
- Platform as a Service (PaaS)
- Infrastructure as a Service (IaaS)

IaaS stellt dabei die unterste Schicht im Cloud Computing dar. Hier werden die Rechen-, Netzwerk- und Speicherkapazitäten als Dienstleistung angeboten (z. B. Amazon's S3).

Mit PaaS wird eine Plattform angeboten, um eine eigene Software in der Cloud zu verwalten (z. B. Microsoft Azure).

Bei SaaS werden begrenzt konfigurierbare Anwendungen angeboten (z. B. CRM Lösung von salseforce). SaaS bildet mit dem höchsten Abstraktionsgrad die oberste Schicht des Cloud Computing (vgl. [DRS11]).

Technologisch gesehen kann man Cloud-Computing zu den beiden bekannteren Paradigmen Grid- und Cluster-Computing zuordnen. Zwischen diesen drei Paradigmen herrschen allerdings große Unterschiede, was im folgenden Abschnitt gezeigt wird.

1.2 Cloud Computing im Vergleich zu Grid- und Cluster-Computing

Buyya und Kollegen zeigen in ihrer Arbeit einige wesentliche Unterschiede der drei Paradigmen Cloud-, Grid- und Cluster-Computing. Buyya definierte den Cluster als *eine Art von parallelen und verteilten Systemen, welche das Teilen, die Auswahl und die Zusammenführung von geografisch verteilten "autonomen" Ressourcen dynamisch ermöglichen* (vgl. [BYV08], [BU99]). Über das Grid-Computing sagt Buyya auf einer Konferenz 2002 in San Jose (USA): Ein Grid ist eine *Art von parallelen und verteilten Systemen, die eine Sammlung von "inter-connected" und virtualisierten Computer beinhalten* (vgl. [BYV08]). In Tabelle 1 werden die Charakteristiken der drei Paradigmen verglichen.

Table 1
Key characteristics of clusters, Grids, and Cloud systems.

Characteristics	Systems		
	Clusters	Grids	Clouds
Population	Commodity computers	High-end computers (servers, clusters)	Commodity computers and high-end servers and network attached storage
Size/scalability	100s	1000s	100s to 1000s
Node Operating System (OS)	One of the standard OSs (Linux, Windows).	Any standard OS (dominated by Unix)	A hypervisor (VM) on which multiple OSs run
Ownership	Single	Multiple	Single
Interconnection network|speed	Dedicated, high-end with low latency and high bandwidth	Mostly Internet with high latency and low bandwidth	Dedicated, high-end with low latency and high bandwidth
Security/privacy	Traditional login/password-based. Medium level of privacy – depends on user privileges.	Public/private key pair based authentication and mapping a user to an account. Limited support for privacy.	Each user/application is provided with a virtual machine. High security/privacy is guaranteed. Support for setting per-file access control list (ACL).
Discovery	Membership services	Centralised indexing and decentralised info services	Membership services
Service negotiation	Limited	Yes, SLA based	Yes, SLA based
User management	Centralised	Decentralised and also virtual organization (VO)-based	Centralised or can be delegated to third party
Resource management	Centralized	Distributed	Centralized/Distributed
Allocation/scheduling	Centralised	Decentralised	Both centralised/decentralised
Standards/inter-operability	Virtual Interface Architecture (VIA)-based	Some Open Grid Forum standards	Web Services (SOAP and REST)
Single system image	Yes	No	Yes, but optional
Capacity	Stable and guaranteed	Varies, but high	Provisioned on demand
Failure management (Self-healing)	Limited (often failed tasks/applications are restarted).	Limited (often failed tasks/applications are restarted).	Strong support for failover and content replication. VMs can be easily migrated from one node to other.
Pricing of services	Limited, not open market	Dominated by public good or privately assigned	Utility pricing, discounted for larger customers
Internetworking	Multi-clustering within an Organization	Limited adoption, but being explored through research efforts such as Gridbus InterGrid	High potential, third party solution providers can loosely tie together services of different Clouds
Application drivers	Science, business, enterprise computing, data centers	Collaborative scientific and high throughput computing applications	Dynamically provisioned legacy and web applications. Content delivery
Potential for building 3rd party or value-added solutions	Limited due to rigid architecture	Limited due to strong orientation for scientific computing	High potential – can create new services by dynamically provisioning of compute, storage, and application services and offer as their own isolated or composite Cloud services to users

Tabelle 1: Schlüssel-Charakteristken von Cluster-, Grid- und Cloudsystemen (aus [BYV08])

Buyya und Kollegen zeigen die verschiedenen Paradigmen mit Google search trends für die Begriffe "Cluster Computing", "Grid Computing" und "Cloud Computing" (Abb. 2).

Die Punkte A-E dieser Abbildung zeigen die damals aktuellen Neuheiten in Bezug auf Cloud Computing.

A   IBM Introduces 'Blue Cloud' Computing, CIO Today – Nov 15 2007.
B   IBM, EU Launch RESERVOIR Research Initiative for Cloud Computing, IT News Online – Feb 7 2008.
C   Google and Salesforce.com in Cloud computing deal, Siliconrepublic.com – Apr 14 2008.
D   Demystifying Cloud Computing, Intelligent Enterprise – Jun 11 2008.
E   Yahoo realigns to support Cloud computing, `core strategies', San Antonio Business Journal – Jun 27 2008.
(vgl. [BYV08])

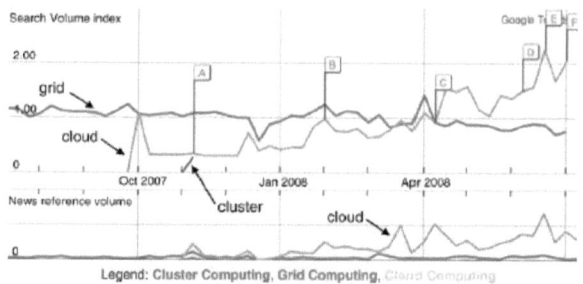

Abb. 2: Google search trends (Aug. 2007 - Jul. 2008) [aus BYV08]

1.3 Aufbau einer marktorientierten Cloud-Architektur

In der marktorientierten Cloud-Architektur (Abb. 3) sind laut Buyya und Kollegen vier Haupt-Entitäten involviert, die sie wie folgt beschreiben:

- *Users/Brokers: handeln im eigenen Interesse, indem sie Service Requests von irgendwo in der Welt zum Data Center senden und die Cloud ausgeführt wird.*

- *SLA (Service Level Agreement) Resource Allocator: funktioniert als Interface zwischen Data Center/Cloud-Service Anbieter und den externen Benutzern (Users/Brokers). Dazu wird die Interaktion folgender Mechanismen zur Unterstützung des SLA-orientierten Ressource-Management benötigt:*
      Service Request Examiner und Admission Control, Pricing, Accounting, VM Monitor, Dispatcher, Service Request Monitor

- *Virtuelle Maschinen (VMs): werden eingesetzt um mehrere getrennte Instanzen auf wenigen physikalischen Rechnern aufzubauen um eine größtmögliche Flexibilität der Konfigurationen zu ermöglichen, mit welchen die akzeptierten Service Requests kommunizieren können.*

- *Physical Machines: Die Data Center verwalten mehrere Server, bzw. Rechenzentren um die Ressourcen zur Verfügung zu stellen. (vgl. [BYV08])*

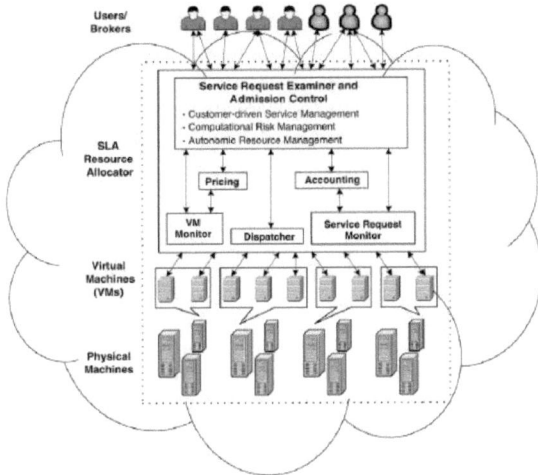

Abb. 3: High-level marktorientierte Cloud-Architektur

Je nach Nutzen der Cloud müssen unterschiedliche Qualitätskriterien im Service berücksichtigt werden. Diese werden in den meisten Quellen als sog. QoS (Quality of Service) -Parameter angegeben. Im Falle, dass die Cloud als kommerzielles Angebot verwendet wird, um kritische Geschäftsoperationen von Firmen zu erlauben, sind u. a. Zeit, Kosten, Beständigkeit und Vertrauen bzw. Sicherheit wichtige QoS-Parameter (vgl. [BYV08]).

Damit sich Cloud Computing entwickeln kann ist es nötig, dass die Services Standard Interfaces folgen. Ein Beispiel dafür zeigt Abb. 4 (vgl. [BYV08]).

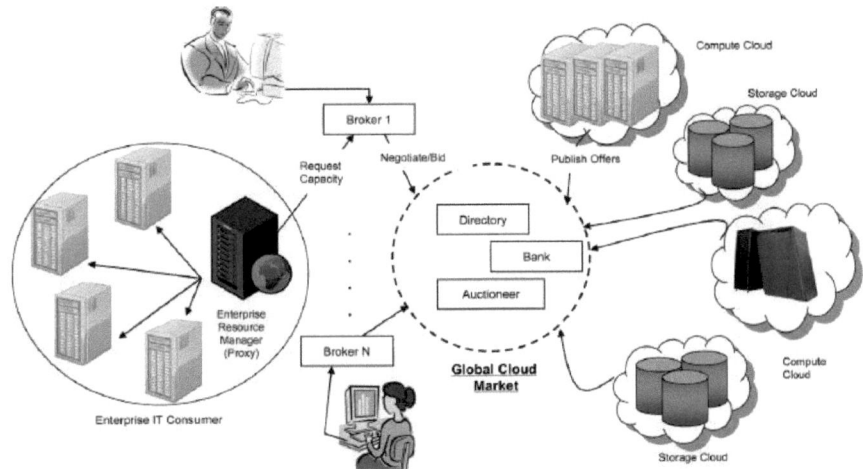

Abb. 4: Globale Cloud Austausch- und Markt- Infrastruktur für Handelsservices

2. Virtualisierung der Cloud

2.1 Grundbegriffe, Definition und Hintergründe

Das Konzept der Virtualisierung wurde bereits in den 1960er Jahren durch IBM mit dem Prinzip der Servervirtualisierung für Großrechner eingesetzt. Das Ziel damals war es, die Ressourcen besser zu verteilen (vgl. [MW11]). Die Virtualisierung in der Cloud basiert auf emulierte Rechnersysteme, sogenannte virtuelle Maschinen (VMs). Nach Vouk ist die Virtualisierung ein weiteres sehr nützliches Konzept um mit Cloud-Systemen zu arbeiten. Es erlaubt die Abstraktion und Isolation von einfachen Basis-Funktionalitäten, und der darunter liegenden Hardware. Das erlaubt die Portabilität von komplexeren Funktionen und dem Teilen und/oder Zusammenfassen von physischen Ressourcen (vgl. [MV08]).

Cloud-Systeme verwenden dabei die unterschiedlichsten Technologie-Varianten von Virtualisierungskonzepten. Um die Funktionsweise der Varianten zu verstehen ist es aber essentiell sich mit den Konzepten zu befassen. Es handelt sich hierbei um die klassische Hardware-Virtualisierung, die vor allem im Serverbereich ihren Einsatz findet, die Präsentationsvirtualisierung, auch bekannt als Terminal Computing, die Applikationsvirtualisierung und das Management virtualisierter IT-Infrastruktur als Grundlage zur Arbeit mit diesen IT-Konzepten (vgl. [MW11]).

Vasil Ninov führte in seiner Seminararbeit die Virtualisierungskonzepte "Applikationsvirtualisierung", "Paravirtualisierung", "Betriebssystem-Virtualisierung", "Vollständige Virtualisierung", "Datenspeichervirtualisierung" und "Netzwerkvirtualisierung" auf (vgl. [NI09]). Nach Meinel, Willems, Roschke und Schnjakin von der Universität Potsdam handelt es sich hier jedoch meist um Varianten der Basiskonzepte. Im weiteren Verlauf dieses Kapitels werden die Basiskonzepte und beispielhaft auf zwei der Technologie-Varianten näher behandelt, jedoch kann aufgrund der Vielzahl der Varianten nicht auf alle eingegangen werden.

Laut Meinel und Kollegen ist zumeist von Hardware-Virtualisierung die Rede, wenn es in der IT in den verschiedensten Technologien der Begriff Virtualisierung fällt (vgl. [MW11]). Zunächst wollen wir uns den Vor- und Nachteilen der Virtualisierung, ohne auf die Basiskonzepte oder Technologie-Varianten zu sehen, widmen.

Ninov zählt bessere Ausnutzung der Hardware, vereinfache Administration und Bereitstellung, Erhöhung der Verfügbarkeit und höhere Sicherheit zu den Vorteilen (vgl. [NI09]). Die Nachteile, bzw. Grenzen für die Virtualisierung sind laut Ninov eine geringere Performance als reale Maschinen, nicht jede Hardware kann durch eine Virtuelle Maschine emuliert werden, bei der Serverkonsolidierung können virtuelle Maschinen einen Single Point of Failure darstellen, beim Ausfall eines Hosts würden mehrere virtuelle Server ausfallen und durch die Komplexität ist zusätzliches Know-how notwendig (vgl. [NI09]).

Nach Meinel und Kollegen sind die Vor- und Nachteile der Virtualisierung nicht generalisierbar. Sie schreiben, dass man die Vor- und Nachteile der zu verwendenden Virtualisierung je nach Technologie und Konzept individuell abwägen muss (vgl. [MW11]).

In einigen Quellen wird anstatt der Terminologie Virtualisierung auch Emulation verwendet. Dies sind äquivalente Synonyme. Im weiteren Verlauf der Arbeit finden beide Begriffe Verwendung.

Bevor auf die Virtualisierungskonzepte und Varianten eingegangen wird müssen zunächst einige wichtige Begriffe erläutert werden, um die Zusammenhänge besser zu verstehen:

- Virtuelle Maschine
  In einer virtuellen Maschine (VM) wird die Hardware eines realen Computers abstrahiert. Für die Umsetzung dieser Abstraktion
- Hypervisor
  Der Hypervisor, besser bekannt als Virtual Machine Monitor (VMM), ist im Allgemeinen eine Applikation, die die Virtualisierungsumgebung bereitstellt. Sie besteht aus VM, sowie Tools und Programmen zur Verwaltung der Abstraktionen, wie Anlegen, Starten, Stoppen und Zuweisung der physikalischen Ressourcen.

Die Terminologien Technologie-Varianten und Konzepte werden in unterschiedlichen Quellen äquivalent, aber auch gegenläufig verwendet. Eines der ältesten und bekanntesten Virtualisierungskonzepte ist die Hardware-Virtualisierung. Von ihr ausgehend werden die meisten Varianten aufgebaut. Die Applikationsvirtualisierung beispielsweise wird größtenteils in seiner Reinform verwendet. Allerdings sind auch Mischformen verschiedenster Konzepte und Technologie-Varianten möglich. Grundsätzlich werden für die Varianten die Grundlagen aus den Basiskonzepten entnommen, bei Bedarf individuell angepasst und miteinander verknüpft. Eine dieser Technologie-Varianten ist die vollständige Virtualisierung, die als eine der bekanntesten Technologie-Varianten gilt.

2.2 Virtualisierungskonzepte und Technologie-Varianten
Zunächst werden vier Virtualisierungskonzepte (Hardware-Emulation, Präsentations-virtualisierung, Applikationsvirtualisierung und das Management virtualisierter Umgebungen) näher erläutert, bevor auf weitere Technologie-Varianten und Konzepte für das Cloud-Computing, die vollständige Virtualisierung, Clientvirtualisierung und Virtual Desktop Infrastructure (VDI), eingegangen wird.

2.2.1 Hardware-Virtualisierung
Die Hardware-Virtualisierung ist wie bereits erwähnt eine der Basiskonzepte, auf denen viele Technologie-Varianten aufsetzen. Hierbei werden physikalische Maschinen durch Software-Komponenten zu virtuelle Maschinen (VM) abstrahiert. Das bedeutet, dass mehrere virtuelle Maschinen gleichzeitig auf dem gleichen realen Rechner laufen und dabei die physikalischen Ressourcen teilen müssen. Dieses Konzept nutzen auch alle Multitasking-fähigen Betriebssysteme, wie Windows oder Linux (vgl. [MW11]).

Nach Ninov wird bei der Emulation in den meisten Fällen versucht, die komplette Hardware eines Rechensystems funktionell nachzubilden und so einem unveränderten Betriebssystem, das für eine andere Hardwarearchitektur (CPU) ausgelegt ist, den Betrieb zu ermöglichen (vgl. [NI09]).

Die Vorteile dabei sind laut Ninov, dass keine Anpassungen am Betriebssystem bzw. den Anwendungen nötig sind, sowie andere Architekturen (nicht in Hardware existierende bzw. hardwaretechnisch vorhandene) verwendet werden können. Zu den Nachteilen zählen, dass Entwicklung von Emulationsumgebungen sehr aufwändig ist und die Ausführungsgeschwindigkeit in der Regel deutlich geringer gegenüber Virtualisierungslösungen ist (vgl. [NI09]).

Nach Meinel et al. sind zwei geeignete Kriterien zur Unterscheidung von Virtualierungstechnologien die Position des Virtual Machine Monitors (VMM) bzw. Hypervisors in der Systemarchitektur und der Grad der Virtualisierung (vgl. [MW11]).

Die Hardware-Emulation wird meist in einer seiner Technologie-Varianten verwendet und ist deshalb nicht nur das älteste, sondern auch das am meisten verwendete Konzept der Virtualisierung.

2.2.2 Präsentationsvirtualisierung

Als weiteres Basiskonzept gilt nach **Meinel** et al. die Präsentationsvirtualisierung, oder Terminal Computing. Dieses Virtualisierungskonzept verwaltet demnach die vom Benutzer verwendeten Applikationen an einem zentralen Server, so dass diese nicht wie z. B. bei Office-Paketen an jedem Client installiert werden müssen. In sog. Sessions werden den Benutzern entweder einzelne Applikationen oder der komplette Desktop zur Verfügung gestellt. Ein Beispiel für Präsentationsvirtualisierung ist der Remote-Desktop in Microsoft-Windows-Betriebssystemen. Hierbei wird meist über eine IP-Adresse an einen entfernten Rechner angemeldet, auf dem spezifische Applikationen, Rechte usw. konfiguriert sind. Meist ist das auch die einzige Möglichkeit um eine zentralisierte Datenhaltung zu ermöglichen.

Die Forscher der Universität Potsdam haben dieses Verfahren in ihrem Artikel genauer beschrieben (vgl. [MW11]). Sie heben auch die Vorteile dieses Konzepts hervor. Diese sind neben den zentralen Daten die Reduzierung der Kosten für das Management des Applikationslebenszyklus und eine effizientere Umsetzung der Sicherheitspolicies der Unternehmen. Weiters zählen die Reduktion, bzw. Eliminierung der Inkompatibilitäten zwischen Applikationen und Betriebssystemen und die konstantere Netzwerkauslastung zu den Vorteilen der Präsentationsvirtualisierung.

Der schwerwiegendste Nachteil ist, dass man eine permanente Netzwerk-Anbindung benötigt. Bei einem Ausfall der Leitung ist zwar kein Datenverlust zu erwarten, jedoch ist eine Weiterarbeit client-seitig unmöglich, da dort keine Zwischenspeicherung möglich ist.

2.2.3 Applikationsvirtualisierung

Das Ziel dieses Virtualisierungskonzeptes ist, Anwendungen von ihrer Umgebung zu isolieren, so dass Konflikte mit anderen Programmen oder dem Betriebssystem vermieden werden, wie in Abb. 5 schematisch dargestellt. Es wird bei diesem Konzept nicht die Hardware virtualisiert, sondern nur eine Abstraktionsschicht zwischen einzelnen Anwendungen und dem Betriebssystem erstellt. Dabei wird nicht jede Applikation auf ein Betriebssystem ausgerichtet, sondern auf eine virtuelle Maschine, die auf dem Betriebssystem läuft. Nach Meinel und Kollegen soll sich bei diesem Konzept das Systemmanagement vereinfachen und

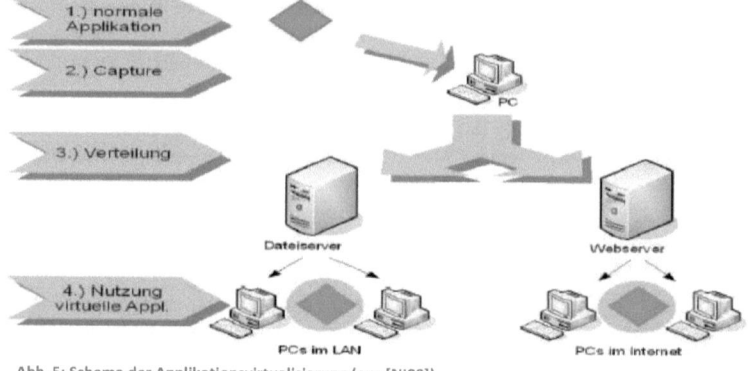

Abb. 5: Schema der Applikationsvirtualisierung (aus [NI09])

die Sicherheit erhöhen. Gemeinsam genutzte System-Ressourcen, die aufgrund unterschiedlicher Betriebssystem-Versionen zu Fehleranfälligkeit führen würden (z. B. sog. shared libraries) werden in sog. Containern um die Applikation herum gelagert und auch von dort aufgerufen (vgl. [MW11]).

Zu den von Ninov aufgeführten Vorteilen (Plattformunabhängigkeit, einfaches Einbinden und einfache Entfernung, Verbesserung der Sicherheit, fehlerhaft programmierte Software ungefährlicher, Applikation ohne Installation verfügbar) wird von Meinel et al. noch das erleichtern des Integration-Testing durch Vergleich der Kompatibilität erwähnt.

Zu den Nachteilen dieses Virtualisierungskonzeptes zählen nach Ninov: die geringere Ausführungsgeschwindigkeit, die Komplexität, nicht alle Applikationen lassen sich virtualisieren, und im Problemfall unklar, ob das Virtualisierungs-Tool oder die Anwendung die Fehlerquelle ist (vgl. [NI09]).

2.2.4 Management virtualisierter Umgebungen

Hier handelt es sich weniger um ein Konzept der Virtualisierung, sondern mehr um eine Vorgehensweise zur Auswahl und Management ebendieser. Nach Meinel und Kollegen von der Universität Potsdam ist ein entscheidender Faktor in der Abwägung der Virtualisierungstechnologie die Verwaltbarkeit. Hier muss das Einsparpotenzial der Hardware mit den steigenden Verwaltungskosten genau analysiert werden, denn es gilt generell, dass bei Einführung einer Virtualisierung die Komplexität der IT-Infrastruktur steigt (vgl. [MW11]).

Nach deren Meinung sollte man bei Verwendung mehrerer Virtualisierungskonzepte in einem System ein zentrales Management-System verwenden, um den Aufwand möglichst gering zu halten.

2.2.5 Die vollständige Virtualisierung

Die vollständige Virtualisierung ist nach Ninov eine Nachbildung einer kompletten Hardwareumgebung für die virtuelle Maschinen, um die Zugriffe der Gast-Betriebssysteme zu steuern. Nach Meinel und Kollegen ist das Konzept der vollständigen Virtualisierung eine weitere Technologie-Variante des Virtualisierungskonzepts "Hardware-Virtualisierung". Sie ist nach deren Meinung auch die flexibelste Variante und arbeitet mit dem Vorgehen der sogenannten "binary translation" (vgl. [MW11]). Die VM simuliert dabei einen realen Rechner, der alle Komponenten zur Verfügung hat. Ein virtueller Maschinenmonitor (VMM) koordiniert die VM und die Ressourcen, dabei hat jedes Gast-Betriebssystem einen eigenen virtuellen Rechner zur Verfügung (vgl. [NI09], [MW11]). Die Abstraktionen in Abb. 6 zeigt die Funktionsweise der vollständigen Virtualisierung.

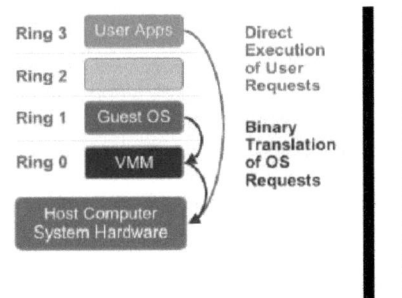
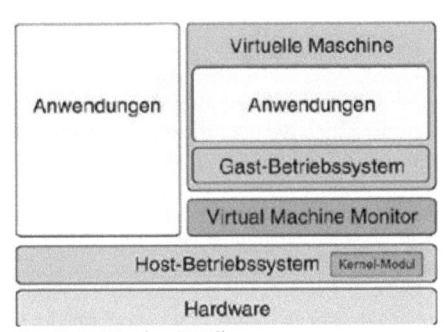

Abb. 6: links: Vollständige Virtualisierung (aus [TA13]); rechts: Abstraktion (aus [NI09])

Zu den Vorteilen zählen, dass kaum Änderungen an Host- und Gast-Betriebssystemen erforderlich sind und eine hohe Flexibilität durch einen eigenen Kernel jedes Gast-Betriebssystem erreicht wird. Nachteilig wirken sich der Wechsel zwischen den Ringen aus, aus dem ein Kontextwechsel und dadurch mehr Rechenzeit resultieren. Außerdem ist die schlechte Performance negativ zu bewerten.

Beispiele für vollständige Virtualisierungslösungen sind:
- VMware Server, VMware Workstation und VMware Fusion
- Microsoft Virtual PC
- Oracle VirtualBox

2.2.6 Clientvirtualisierung
Unter Clientvirtualisierung, das in einigen Quellen auch als Desktopvirtualisierung benannt wird, versteht man den Einsatz von virtuellen Maschinen auf Arbeitsplatzrechnern. Anders als die bisher genannten Virtualisierungsvarianten, bei denen die VM auf dem Server platziert ist, den sog. Servervirtualisierungen, sind deutliche Unterschiede bei den Anforderungen an den Hypervisor (vgl. [MW11]).

Während bei Virtualisierungslösungen auf dem Server hauptsächlich der Overhead bei der CPU-Nutzung möglichst gering sein sollte und auf E/A-Geräte schnelle Zugriffe wichtig sind, sind bei der Clientvirtualisierung beispielsweise eine hohe Grafikleistung für 2D und 3D oder auch die Unterstützung vieler Peripheriegeräte entscheidende Kriterien (vgl. [MW11]).

Dieses Virtualisierungskonzept wird oft zur Verwendung mehrerer verschiedener Betriebssysteme an einem PC verwendet, um z. B. auf einem Windows-PC Linux- oder Apple-Anwendungen ausführen zu können.

2.2.7 Virtual Desktop Infrastructure
Als Virtual Desktop Infrastructure (VDI) beschreibt man die Kombination der Clientvirtualisierung und der Präsentationsvirtualisierung. Dabei wird für jeden Benutzer auf einem Server eine eigene, individuelle VM betrieben, auf die via Remote-Desktop von einem beliebigen Client zugegriffen werden kann. Die Anforderungen an den Client-Rechner sind dabei minimal, da die Hardware nur vom verwendeten Server abhängt. Der Wartungsaufwand ist ebenso gering, da alle Clientsysteme zentral gewartet werden können und durch die dynamische Verteilung auf physikalische Server können die Ressourcen, je nach tagesaktuellem Bedarf, zugewiesen werden. Einzig die Netzwerk-Verbindung muss stabil und entsprechend groß ausgelegt sein, um die Erreichbarkeit zu garantieren (vgl. [MW11]).

2.3 Zusammenfassung von Virtualisierungen
Zusammenfassend kann über die Virtualisierung in Cloud-Systemen gesagt werden, dass ohne sie wohl keine Cloud möglich wäre, da sonst die Kosten für Installation und Wartung für die physischen Rechnernetze wohl astronomisch wäre. Dabei ist nicht wichtig, welches Konzept oder Technologie-Variante für die Virtualisierung verwendet wird, sondern dass überhaupt eine Virtualisierung zum Einsatz kommt. Üblich ist, dass mehrere Konzepte gleichzeitig und in den verschiedensten Variationen verwendet werden, um die Hardware- und Netzwerk-Auslastung einigermaßen stabil und die Aufwände dafür möglichst gering zu halten.

Wie in Kapitel 2.1.4 bereits erwähnt sollte bei Verwendung mehrerer Konzepte und Technologie-Varianten ein zentrales Management-System zur Verwaltung eingesetzt werden. Weitere Informationen darüber sind in der Quelle [MW11] nachzulesen. Dort sind auch Studien über die Wirtschaftlichkeit einzelner Virtualisierungskonzepte und -varianten nachzulesen.

Im weiteren Verlauf wird nun auf Cloud-Plattformen, oder auch Frameworks genannt, eingegangen.

3. Cloud-Plattformen

Einige Forscher wie Merrill Lynch und Morgan Stanley identifizierten Clouds und deren Plattformen als einen der prominenten Technologie-Trends (vgl. [BYV08]). Zu diesen zählen auch Amazons Elastic Compute Cloud (EC2) und die .NET-basierte Service-orientierte Resource Management-Plattform Aneka (vgl. [BYV08]), welche in den folgenden Abschnitten näher beleuchtet werden.

In Tabelle 2, die in verschiedenen Quellen adaptiert (u. a. [VCB09], [BYV08]) zum Einsatz kam, wird derVergleich zwischen einigen repräsentativen Cloud-Plattformen veranschaulicht.

Table 1. Feature comparison of some of the commercial offerings for Cloud Computing.

Properties	Amazon EC2	Google AppEngine	Microsoft Azure	Manjrasoft Aneka
Service Type	IaaS	IaaS – PaaS	IaaS – PaaS	PaaS
Support for (value offer)	Compute/storage	Compute (web applications)	Compute	Compute
Value added service provider	Yes	Yes	Yes	Yes
User access interface	Web APIs and Command Line Tools	Web APIs and Command Line Tools	Azure Web Portal	Web APIs, Custom GUI
Virtualization	OS on Xen hypervisor	Application Container	Service Container	Service Container
Platform (OS & runtime)	Linux, Windows	Linux	.NET on Windows	.NET/Mono on Windows, Linux, MacOS X
Deployment model	Customizable VM	Web apps (Python, Java, JRuby)	Azure Services	Applications (C#, C++, VB, ...)
If PaaS, ability to deploy on 3rd pathy IaaS	N.A.	No	No	Yes

Tabelle 2: Überblick und Vergleich einiger repräsentativer Cloud-Plattformen (aus [VCB09])

Mittlerweile gibt es zahlreiche Vertreter unterschiedlichster Cloud-Plattformen und -Systemen, die mit den unterschiedlichsten Werkzeugen erstellt werden können (z. B. .NET-basiert oder Web-Service-basiert).

Mit der Amazon S3 existiert neben der EC2 eine weitere Plattform des, einst auf Internet-Buchhandels basierten, Unternehmens. Ebenfalls populär sind die AppEngine von Google, das weltweit als Suchmaschine bekannt wurde, und Azure vom Software-Riesen Microsoft. Auch SAP, IBM, Oracle und viele weitere bekannte Unternehmen aus der Hard- und Software-Branche bieten Cloud-Systeme für die verschiedensten Anwendungsbereiche an. Eine detailliertere Übersicht bietet dabei Joachim Hackmann im Online-Magazin computerwoche.de (vgl. [HA12]). Für diese Arbeit wurden beispielhaft die beiden folgenden Plattformen ausgewählt und näher beschrieben.

3.1 Aneka

Aneka, welche durch Manjrasoft kommerzialisiert wird, ist für die Unterstützung multipler Applikationsmodelle, Persistenz- und Sicherheitslösungen, sowie Kommunikationsprotokolle konstruiert (vgl. [BYV08]).

Aneka ist ein Vertreter der Platform as a Service (PaaS)-Applikationen für Cloud Computing. Es unterstützt zahlreiche Programmier-Modelle einschließlich Task Programming, Thread Programming und MapReduce Programming und Tools für schnelle Erstellung von Applikationen und deren nahtlose Entwicklung von privaten oder öffentlichen Clouds zur Verteilung von Applikationen.

Die Aneka Technologie besteht hauptsächlich aus 2 Schlüssel-Komponenten:

1. *SDK (Software Development Kit): enthält APIs, die drei populäre Cloud Programmier-Modelle Task, Thread und MapReduce unterstützen (siehe Abb. 7), und Tools, die entscheidend für schnelle Entwicklung von Applikationen.*

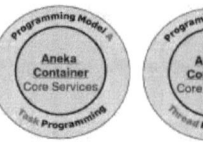

Abb. 7: Aneka und die Cloud-Programmier-Modelle (aus MAS13)

2. *Eine Laufzeit- Engine und eine Plattform zum managen der Bereitstellung und Ausführung von Applikationen in privaten oder öffentlichen Clouds.*

Eine der bemerkenswerten Charakteristiken von Aneka PaaS ist die Unterstützung der Bereitstellung von privaten Cloud-Ressourcen erreichbar von Desktops, Cluster zu virtuellen Datencentern oder der Verwendung von VMWare, Citrix Zen Server und öffentliche Cloud-Ressourcen wie Windows Azure, Amazon EC2 und GoGrid Cloud Service.

Das Potential von Aneka als eine PaaS wurde erfolgreich von seinen Usern und Kunden in drei verschiedenen Sektoren genutzt, einschließlich Technik, Biologie-Wissenschaften, Bildung und Business Intelligence. [vgl. MAS13]

Die Abb. 8 auf der nächsten Seite zeigt den schematischen Aufbau von Aneka und wie es mit der Benutzer-Infrastruktur korrespondiert. Sie zeigt auch die Vielseitigkeit einer Cloud-basierten Lösung.

Buyya und Kollegen erstellten aus dem "Baukasten" Aneka die GRIDS Lab (siehe Tabelle 2). Sie beschreiben den Weg der Aneka als Ressource-Management-Plattform, die initial als 3. Generation einer Enterprise Grid-Technologie entwickelt wurde. Erst einige neue Ressourcen, die hinzugefügt wurden stellten die Voraussetzungen und Potenziale für das Cloud Computing-Paradigma dar (vgl. [BYV08]).

Über Vor- und Nachteile dieser Cloud-Plattform konnte keine wissenschaftlich fundierte Quelle gefunden werden. Stattdessen werden nur allgemeine Vor- und Nachteile von Cloud Computing angegeben, wie am Anfang und weiters auch im letzten Kapitel dargestellt.

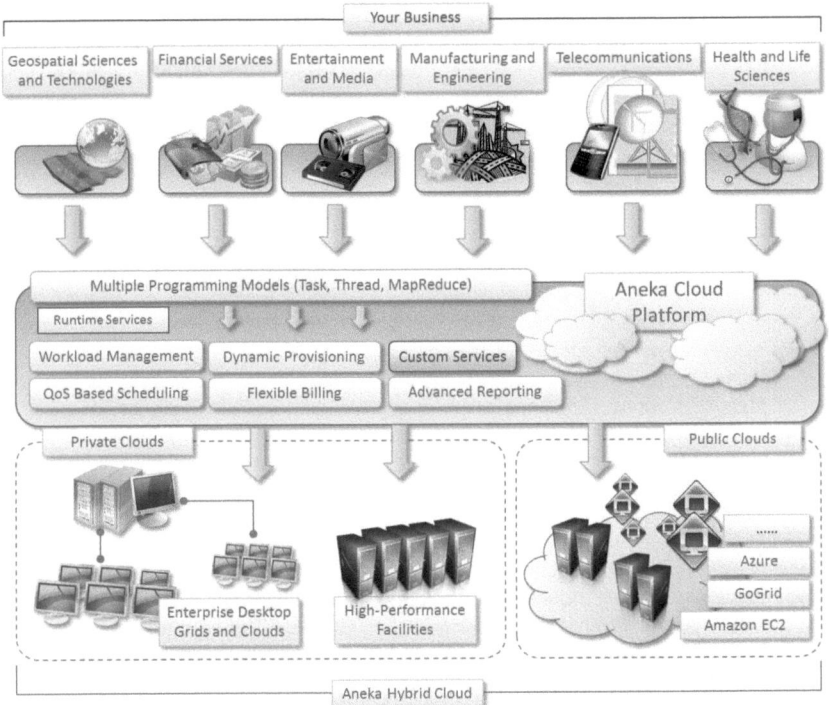

Abb. 8: schematischer Aufbau der Aneka-Plattform (aus MAS13)

3.2 Amazon Elastic Compute Cloud (EC2)

"Der Web-Service Amazon Elastic Compute Cloud (Amazon EC2) ermöglicht die Anpassung der Rechenkapazität in der Cloud. Der Service ist darauf ausgelegt, Cloud Computing für Entwickler zu erleichtern". [Amazon]

Weiner und Kollegen schreiben, mit der EC2 *"betreibt Amazon das »Infrastructure as a Service«-Konzept in Perfektion und bietet mittlerweile sogar Plattform-Dienste (PaaS). Heute stellt das Unternehmen damit Speicher- und Rechenkapazität für jedermann zur Verfügung."* [FI10]

Amazon EC2 ist rein virtuelle Rechenumgebung, in der die Web-Service-Oberflächen zum Starten von Instanzen mit verschiedenen Betriebssystemen verwendet werden. Diese Instanzen wird mit einer vom Benutzer angepassten Anwendungsumgebung geladen, die die Zugangsberechtigungen für das Netzwerk verwaltet und das vom Benutzer erstellte Image für eine virtuelle Maschine (VM) unter Verwendung von so vielen oder so wenigen Systemen wie gewünscht ausgeführt werden kann. [vgl. Amazon]

Die folgende Beschreibung zeigt die Sicht von Amazon zur Verwendung seiner Plattform EC2:

- *Wählen Sie ein als Vorlage vorkonfiguriertes Amazon Machine Image (AMI) aus, um ohne Verzögerung sofort loslegen zu können. Sie können ein AMI auch selbst erstellen, das Ihre Anwendungen, Bibliotheken, Daten und zugehörigen Konfigurationseinstellungen enthält.*
- *Konfigurieren Sie die Sicherheitseinstellungen und den Netzwerkzugang für Ihre Amazon EC2 Instance.*
- *Wählen Sie die gewünschten Instance-Typen aus. Anschließend können Sie mithilfe der Web-Service-APIs oder der verschiedenen Verwaltungstools so viele Instances Ihres AMI wie benötigt starten, beenden und überwachen.*
- *Legen Sie fest, ob an mehreren Standorten ausgeführt werden soll, ob Sie statische IP-Endpunkte verwenden möchten oder ein dauerhafter Blockspeicher zu Ihren Instanzen hinzugefügt werden soll.*
- *Zahlen Sie nur für die tatsächlich genutzten Ressourcen, wie Instanz-Stunden oder Datenübertragung.* [Amazon]

Die Forscher des Fraunhofer Instituts zeigen, "*Amazon hat im Laufe der Jahre ein scheinbar sehr komplexes Angebot entwickelt. Mit genauerem Blick auf die Struktur wird jedoch klar, dass für spezielle Zielgruppen sehr umfangreiche Leistungsangebote entstanden sind, die sich dennoch klar durch die Adressaten unterscheiden und in die Strategie einer Handelsplattform gut einpassen. Durch komplementäre Angebote wie dem Kindle werden die Kunden an die eigene Plattform gebunden. Dabei spielt die verwendete Technik eine eher ungeordnete Rolle. Einen ähnlichen Ansatz liefert derzeit Salesforce.*" [FI10] Diese These unterstützt auch die, in Abb. 9 dargestellte, aggregierte Darstellung der verschiedenen Bereiche des Amazon-Geschäftsmodells.

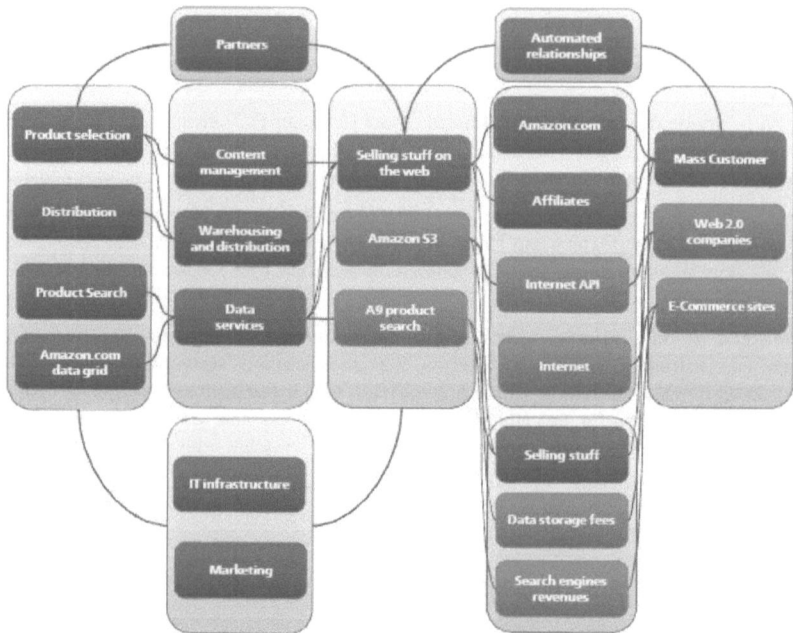

Abb. 9: Amazon Geschäftsmodell (aus [FI10])

3.3 Zusammenfassung Cloud-Plattformen

Aufgrund der Vielzahl der Plattformen ist ein qualifizierter Überblick und eine Wertung geradezu unmöglich. Außerdem kann durch die Verwendung einer anderen Komponente schon ein weiteres Framework erzeugt werden. Das eben behandelte Kapitel zeigt daher nur zwei der unzähligen Vertreter auf, die ohne Gegenüberstellung bleiben.

Da bereits viele Unternehmen und Privatpersonen bereits über physisch verteilte Systeme verfügen und die Vernetzung in der globalen Wirtschaft immer wichtiger wird, kann die Entwicklung und der Einsatz des Cloud-Computing richtungweisend für jeden Nutzer werden. Eine Vielzahl der Basiskonzepte und Technologien, die in Cloud-Systemen eingesetzt werden sind bereits seit einigen Jahren/Jahrzehnten im Einsatz und aus unserem Alltag nicht mehr wegzudenken. So ist der nächste denkbare Schritt die Zusammenführung und Verbesserung der einzelnen Komponenten unter dem Begriff "Cloud-Computing" und deren weltweite Nutzung auch durch Privatpersonen. Die bereits bestehenden Plattformen, wie die beiden zuvor beschriebenen Aneka oder Amazon EC2, spielen hier eine wichtige Rolle, da durch diese jeder "seine eigene Cloud" zusammenstellen kann, die bei Bedarf beliebig erweitert/reduziert werden kann. Die Vorteile dabei sind, dass für die Basis-Funktionen kein Expertenwissen notwendig ist und die eigenen Daten/Applikationen quasi überall verfügbar sind. Für die kommerzielle Nutzung durch Unternehmen können diese mit dem nötigen Wissen beliebig erweitert und verändert werden. Diesen Vorteil von Cloud-Systemen fanden auch die Forscher des Fraunhofer-Instituts, wie folgender Ausschnitt zeigt:

> *"Im Internet der Zukunft werden Dienstleistungen genauso einfach zu bereitzustellen und zu nutzen sein, wie es für heutige Produkte der Fall ist. Dabei entstehen wichtige unternehmerische Fragestellungen über neue Geschäftsfelder und Angebotsformen wie Software-as-a-Service, Partnernetzwerke zur Erstellung gemeinsamer Dienste, Preis- bzw. Abrechnungssysteme und vieles mehr. Innovative Geschäftsmodelle und die Innovation traditioneller Geschäftsmodelle stehen heute im Fokus der unternehmerischen Tätigkeit."* [FI10]

Man sollte den Einsatz eines Cloud-Systems immer auch kritisch sehen und sich mit eventuellen Nachteilen befassen. Hier sind besonders Datenschutz und die Datenspeicherung zu betrachten.

Der Datenschutz wird oft nur am Rande oder gar nicht behandelt. Vor allem bei weltweiter Nutzung von Daten in Cloud-Systemen kann nie die Sicherheit komplett garantiert werden, da bei unterschiedlichen Gesetzeslagen auch rechtlich keine eindeutige Grundlage gegeben ist. Ähnlich äußern sich auch Meinel et al. zu diesem Thema. National und EU-weit gelten weitestgehend einheitliche Regelungen doch bei "grenzüberschreitenden" Daten außerhalb der EU ist die Rechtslage unklar (vgl. [MV11]).

Ein weiterer risikoreicher Aspekt ist der Ausfall von Serversystemen oder Teile davon und den daraus eventuell resultierenden Datenverlusten (z. B. wenn Änderungen nicht rechtzeitig zwischen gespeichert wurden). Hier ist für mich unklar, wer letztendlich für die "Unversehrtheit" der Daten einsteht.

Diese beiden Aspekte sollten nicht nur beim Für und Wider zum Thema "Cloud-Computing", sonder auch bei möglichen Anbieter- und Systemwechsel in Erwägung gezogen werden.

Zusammenfassend kann aber gesagt werden, dass es je nach Anforderung auch eine passende Cloud gibt, bzw. eine bestehende so adaptiert werden kann um den Nutzen zu erfüllen und bei kritischer Betrachtung dieses komplexen Themas die Unklarheiten beseitigt werden können.

4. Zusammenfassung und Fazit

Die in dieser Arbeit behandelten Themen zum Cloud-Computing, Virtualisierung und Plattformen, zeigen, dass die Grundlage zur weltweiten Nutzung bereits seit einigen Jahren gegeben sind. Mit diesem Paradigma hielt gegen Mitte des letzten Jahrzehnts eine neue Generation Einzug.

Ich denke, dass in Zukunft Cloud-Computing eine immer größer werdende Rolle spielen wird, da in den letzten Jahren der Ausbau der schnellen Internet-Verbindungen und Entwicklung großer Massenspeicher immer weiter voran getrieben wurden. Möglicherweise wird dieses Architektur-Modell zusammen mit den ähnlich gelagerten Paradigmen Grid- und Cluster-Computing so überarbeitet, dass kaum mehr ein Unterschied zwischen diesen besteht und alle drei gemeinsam einen neuen Weg der Internet-Nutzung anbieten werden. Denkbar wäre auch eine neue Form, die auf diesen drei Konzepten aufbaut und deren Vorteile für sich besser nutzen kann, sowie die nachteiligen Elemente reduziert oder sogar eliminiert.

Buyya und Kollegen prophezeiten 2008 in ihrem Paper, dass Computing ist das fünfte Utility nach Wasser, Gas, Elektrizität und Telefon wird (vgl. [BYV08]). Aus aktueller Sicht kann diese These nur bejaht werden, da die Computer-Technik, auch ohne dem Cloud-Computing, immer weiter voran schreitet und Einzug in nahezu allen Haushalten hält. Vergleicht man das Ende des vorangegangenen Jahrhunderts mit heute, so sieht man, dass die IT-Welt nicht nur schneller, sondern auch besser vernetzt ist. Meiner Meinung nach sind Cloud-Systeme in dieser Entwicklung nur unterstützend tätig, da diese auf eine vorhandene Infrastruktur aufbauen.

Weiner und Kollegen schreiben, die *"Softwaregestützte Beschreibung von Geschäftsmodellen befindet sich noch im Anfangsstadium. Eine solche Möglichkeit ist allerdings zwingende Voraussetzung zur längerfristigen Entwicklung, Abspeicherung und Anpassung von Geschäftsmodellen. Eine verteilte Arbeit mit Geschäftsmodellen wird dadurch erst möglich. Zusätzlich ist die Integration bereits vorhandener Daten in das Geschäftsmodell durch eine Softwareunterstützung wesentlich einfacher. In der Regel existieren zum Beispiel bereits erste Kostenabschätzungen. Damit wird die Simulation verschiedener Geschäftsmodellszenarien möglich und eine wichtige Entscheidungsunterstützung, nicht nur für Risikokapitalgeber, realisierbar."* (aus [FI10]) Dies unterstützt meiner Meinung nach die These, dass sich auch durch das Cloud-Computing die Computer-Technik in den nächsten Jahren revolutionieren wird.

Natürlich wird sich in Zukunft in Bezug auf Cloud-Computing und dem weltweiten Zugriff auf Daten noch einiges ändern. Sobald die Sicherheits- und Datenschutzaspekte global vereinheitlicht und die Infrastruktur in allen Teilen der Welt gegeben ist, steht für mich dem Siegeszug der 5. Utility und deren Verankerung in unserer Gesellschaft nichts mehr im Wege.

Referenzen

[AFG10]   A View of Cloud Computing; M. Armbrust, A. Fox, R. Griffith, A. D. Joseph, R. Katz, A. Konwinski, G. Lee, D. Patterson, A. Rabkin, I. Stoica, M. Zaharia; USA 2010

[Amazon]   http://aws.amazon.com/de/ec2/ (Aufrufdatum: 07.05.2013)

[BU99]   High Performance Cluster Computing: Architectures and Systems, Volume 1; R. Buyya; University Melbourne (AUS) 1999

[BYV08]   Cloud computing and emerging IT platforms: Vision, hype, and reality for delivering computing as the 5th utility; R. Buyya, Ch. S. Yeo, S. Venugopal, J. Broberg, I. Brandic; AUS, AUT 2008

[DRS11]   Muster und Cloud Computing als Plattformstrategie für mobile Unternehmenssoftware; S. Damm, T. Ritz, J Strauch; FH Aachen (GER) 2011

[DT13]   http://www.telekom.com/innovation/cloud-special/127130 (Aufrufdatum: 04.06.2013)

[FI10]   Geschäftsmodelle im »Internet der Dienste« - Aktueller Stand in Forschung und Praxis; N. Weiner, T. Renner, H. Kett; Fraunhofer-Institut für Arbeitswirtschaft und Organisation (IAO) Stuttgart (GER) 2010

[HA12]   Was große IT-Anbieter in der Cloud treiben - SAP, IBM, HP, Oracle und Co.; Joachim Hackmann in http://www.computerwoche.de/a/was-grosse-it-anbieter-in-der-cloud-treiben,2503633; Erstelldatum: 18.05.2012 (Aufrufdatum: 20.06.2013)

[MAS13]   http://www.manjrasoft.com/products.html (Aufrufdatum: 07.05.2013)

[MV08]   Cloud Computing - Issues, Research and Implementations; M. A. Vouk; North Carolina State University (USA) 2008

[MW11]   Virtualisierung und Cloud Computing: Konzepte, Technologiestudie, Marktübersicht; Christoph Meinel, Christian Willems, Sebastian Roschke, Maxim Schnjakin; Universität Potsdam (GER) 2011

[NI09]   Cloud Computing - Vortrag im Rahmen eines Seminars; V. Ninov; Universität Mannheim (GER) 2009/2010

[SF13]   http://www.salesforce.com/de/socialsuccess/cloud-computing/die-geschichte-von-cloud-computing.jsp (Aufrufdatum: 04.06.2013)

[VCB09]   Aneka: A Software Platform for .NET-based Cloud Computing; C. Vecchiola, X. Chu, R. Buyya; Melbourne (AUS) 2009

BEI GRIN MACHT SICH IHR WISSEN BEZAHLT

- Wir veröffentlichen Ihre Hausarbeit, Bachelor- und Masterarbeit

- Ihr eigenes eBook und Buch - weltweit in allen wichtigen Shops

- Verdienen Sie an jedem Verkauf

Jetzt bei www.GRIN.com hochladen und kostenlos publizieren